Weisheit des Humors

ars edition

© MCMLXI ars edition · Alle Rechte vorbehalten
Ausstattung und Herstellung ars edition
Printed in West-Germany · ISBN 3-7607-8518-2

Der wahre Humor, weiß ganz genau, daß man im Grunde nichts zu lachen hat

HEIMERAN

Humor ist wenn man trotzdem lacht

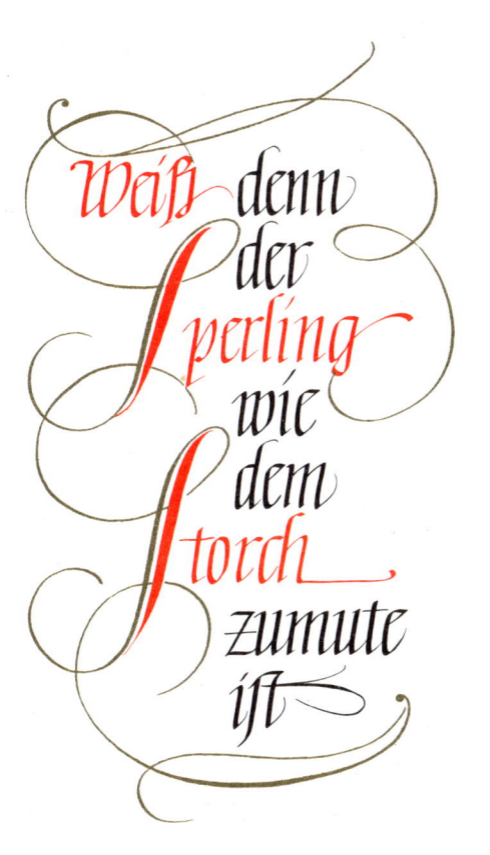

Weiß denn der Sperling wie dem Storch zumute ist

GOETHE

Sei heiter!
Es ist gescheiter
als alles Gegrübel

Gott hilft weiter!
Zur *h*immelsleiter
werden die *Ü*bel

THEODOR FONTANE

Ist einer
heiter
so ist es einerlei
ob er jung oder
alt, gerade oder
bucklig
arm oder reich
sei, er ist
glücklich

SCHOPENHAUER

Das Beste, was man auf der Welt tun kann, ist

Gutes tun
fröhlich sein

und die Spatzen pfeifen lassen

HL. DON BOSCO

Humor ist der Schwimmgürtel auf dem Strom des Lebens

WILHELM RAABE

Humor ist uns der
Freund
in allen Lebenslagen
Man kann zum Beispiel mit Humor die
Wahrheit sagen, so
daß sie uns bekommt
und halb so bitter
schmeckt

FRED ENDRIKAT

Ob man Humor hat zeigt sich erst in ernsten Situationen

Humor ist kein
Hindernis für
die Heiligkeit
Wenn du sonst
nichts zum

Lachen

finden kannst
so hast du
immer noch
dich selbst

BISCHOF KELLEY

Der
verlorenfte
aller Tage
ift der,
an dem man
nicht gelacht
hat

NICOLAS CHAMFORT

Wie wollt ich
Gott nicht loben!
Die Erde ist doch
schön
ist herrlich doch
wie seine
Himmel oben
und lustig
drauf zu gehn

MATTHIAS CLAUDIUS

Ein jeder Wunsch
wenn er erfüllt kriegt
augenblicklich
Junge

WILHELM BUSCH

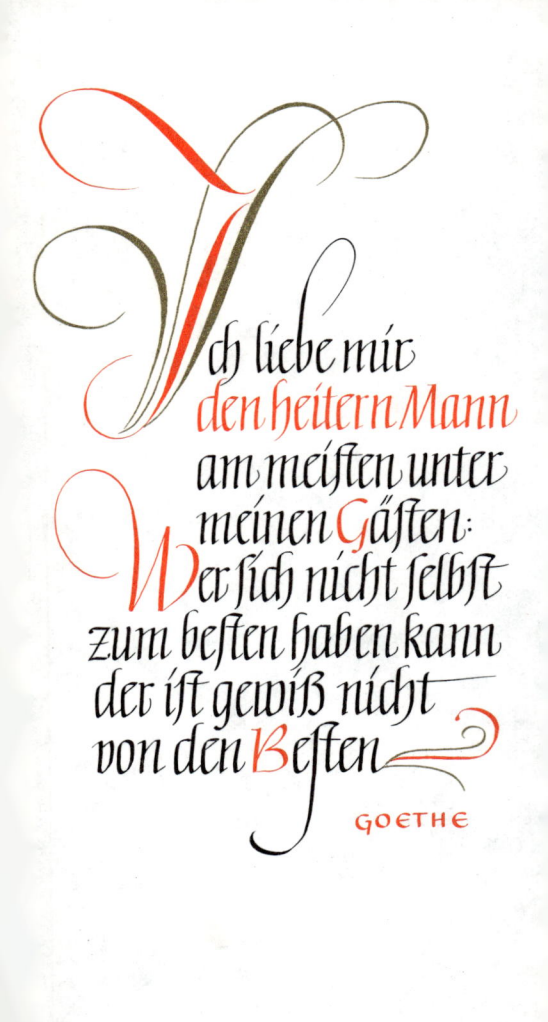

Ich liebe mir
den heitern Mann
am meisten unter
meinen Gästen:
Wer sich nicht selbst
zum besten haben kann
der ist gewiß nicht
von den Besten

GOETHE

Luftige Leute

begehen mehr
Torheiten als
traurige —
aber traurige
desto größere

EWALD V. KLEIST

Hebt mich das Glück
so bin ich froh und sing
in dulci jubilo
senkt sich das Rad und
quetscht mich nieder,
so denk ich: NUN,
es hebt sich wieder

GOETHE

Der Knecht so
wie der Herr
vom Haus
ziehen sich täglich an
und aus
sie mögen sich hoch
oder niedrig messen:
müssen wachen, schlafen
trinken und essen

GOETHE

Wie wolltest du dich unterwinden kurzweg die Menschen zu ergründen! Du kennst sie nur von außenwärts, du siehst die Weste, nicht das Herz.

WILHELM BUSCH

Enthaltsamkeit

ist das Vergnügen
an Sachen, welche
wir nicht kriegen.
Drum lebe mäßig
LEBE KLUG
wer nichts braucht,
der hat genug

WILHELM BUSCH

Stoffel hackte
mit dem Beile,
dabei tat er
sich sehr wehe,
denn er traf
in aller Eile
ganz genau
die große Zehe.

Ohne jedes Schmerz
gewimmer
nur mit Ruh,
mit einer festen,
sprach er: Ja,
ich sag es immer,
nebenzu trifft man
am besten

WILHELM BUSCH

Aus nichts läßt sich der Charakter eines Menschen so sicher erkennen, wie aus einem Scherz, den er übelnimmt.

CHR. LICHTENBERG

Eine sichere
Probe auf den Humor
eines Menschen liegt
darin, ob er böse
wird, wenn man
ihn des Mangels
an Humor anklagt

JOHN C. H. WU

Verständige Leute
kannst du
irren sehn,
in Sachen
nämlich, die sie
nicht verstehn

GOETHE

Langeweile
ist ein böses
Kraut
aber auch eine
Würze
die viel verdaut

GOETHE

Wenn man
Fehler
gemacht hat
bezeichnet
man das
selbst gerne
als Erfahrungen
sammeln

OSCAR WILDE

Wir sind leicht bereit *uns selbst* zu tadeln, unter der *B*edingung, daß niemand *einstimmt*

MARIE VON EBNER-ESCHENBACH

Das Erbgut ist wie eine Kutsche, in der unsere Vorfahren reisen. Dann und wann streckt einer von ihnen seinen Kopf zum Wagenschlag heraus und verursacht uns allerhand Scherereien

OLIVIER W. HOLMES

Unsere Fehler bleiben uns immer treu, unsere guten Eigenschaften machen alle Augenblicke kleine Seitensprünge

MARIE VON EBNER-ESCHENBACH

Wahrheiten über sich selbst sind schwer verdaulich. Daher halten die Menschen in diesem Punkt strengste Diät

Den Wert
von Diamanten
und Menschen
kann man erst
ermitteln, wenn
man sie aus der
Faffung bringt

Es ist schwer, den, der uns bewundert, für einen Dummkopf zu halten

MARIE VON EBNER-ESCHENBACH

Wenn man die eitlen Tröpfe unter den Bekannten zählt, verzählt man sich immer um einen.

WAGGERL

Christen sollen das Salz der Erde sein, aber niemals dürfen sie ihren Mitmenschen das Leben versalzen

BEDA NAEGELE

Ein Mensch
fühlt oft sich
wie verwandelt,
sobald man
menschlich
ihn behandelt

EUGEN ROTH

Dafür,
daß uns
am Lobe
nichts liegt,
wollen wir
besonders
gelobt sein

MARIE VON EBNER-ESCHENBACH

Die Selbstsucht
stirbt erst
eine halbe
Stunde
nach
unserem
Tode

FRANZ V. SALES

Gott schaut seinen Kindern ins **Herz** und nicht in den Kopf oder aufs Maul. Und es ist auch gar nicht so, daß er etwa nur Latein verstünde

WAGGERL

Gott gibt die Nüsse aber er beißt sie nicht auf

GOETHE

Die größte Überraschung, die uns der Reichtum bietet, ist die Erkenntnis von vielen Schönheiten des Lebens, die man ohne ihn haben kann

JO HANNS RÖSLER

Gott helfe weiter und gebe **Lichter,** damit wir uns selbst nicht so viel im **Wege** stehen

GOETHE

Humor
steigt aus
siegreichen
Überwin-
dungen

EDUARD SPRANGER

Der Heitere ist Meister seiner Seele

SHAKESPEARE

Die innere **Heiterkeit** ist das eigentliche Glück des Menschen auf Erden Dieses Glück aber ist ein Geschenk des Friedens, den die Welt nicht geben kann

Die Sammlung Weisheit

Weisheit des Abendlandes
Weisheit aus China
Weisheit der Dankbarkeit
Weisheit großer Frauen
Weisheit der Freude
Weisheit der Freundschaft
Fröhliche Weisheiten
Weisheit des Herzens
Weisheit des Humors
Lebensweisheit
Weisheit der Liebe
Weisheit großer Männer
Tröstliche Weisheit
Weisheit für Verliebte

ars edition